RISK YÖNETIMI IÇIN ISHIKAWA DIYAGRAMI

İşletme içindeki sorunları öngörmek ve çözmek

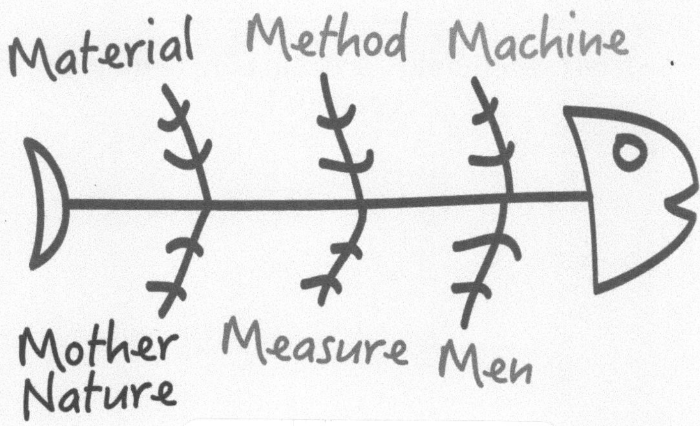

TES.com

RISK YÖNETIMI IÇIN ISHIKAWA DIYAGRAMI

İşletme içindeki sorunları öngörmek ve çözmek

tarafından yazılmıştır Ariane de Saeger
tarafından çevrildi Baris Şahin

RİSK YÖNETİMİ İÇİN ISHIKAWA DİYAGRAMI

ANAHTAR BİLGİLER

- **İsimler:** Ishikawa diyagramı, balık kılçığı diyagramı, balıksırtı diyagramı, neden-sonuç diyagramı, Fishikawa, 5 Ms.

- **Kullanım alanları:** Ishikawa diyagramı bir sorunun nedenlerini ve sonuçlarını tanımlar. Proje yönetiminde (özellikle risk yönetiminde) ve kalite kontrolde analitik bir araç olarak da kullanılabilir.

- **Neden başarılı?** Bu araç, kullanıcıların bir sorunun bazı nedenlerini gözden kaçırmasını önler ve potansiyel çözümlerin incelenmesi için gerekli unsurları sağlar. Bu diyagram bir kalite yönetim aracı olarak kabul edilir.

- **Anahtar kelimeler:**

    - <u>Yaklaşım</u>: yöntem; akıl yürütme biçimi.

    - <u>Beyin fırtınası</u>: Bir grubun tüm üyeleri tarafından ortaya konan serbest çağrışımlara dayanan özgün bir araştırma tekniği.

    - <u>Neden</u>: bir şeyin nedeni; ona neden olan veya ondan sorumlu olan şey.

    - <u>Etki</u>: sonuç veya netice.

- Pazar payı: sektördeki toplam satışlara göre şirket satışlarının yüzdesi.

- Sorun: tartışılabilecek ve çözüm gerektiren bir konu veya soru.

- Çözüm: bir soruna veya soruya verilen cevap.

GİRİŞ

Tarih

Ishikawa diyagramı, Tokyo Üniversitesi'nde profesör ve kimya mühendisi olan Japon Kaoru Ishikawa (1915-1989) tarafından icat edilmiştir. Kalite yönetimi teorileri alanında tanınmış bir uzman ve öncü olan Ishikawa, bu diyagramı ilk kez 1943 yılında bir çelik şirketindeki bir grup mühendise, karmaşık faktörlerin mümkün olduğunca kapsamlı genel bir analizine dayalı olarak bir sorunun nasıl anlaşılacağını açıklamaya çalışmak için kullanmıştır.

Modelin tanımı

Ishikawa diyagramı, işletmeler tarafından kullanılan ve bir sorunun neden ve sonuçlarına genel bir bakış sunan grafik bir araçtır. Nedenler sıralanarak sorunun kaynakları doğru bir şekilde tespit edilebilir.

TEORİ

Ishikawa diyagramı iş dünyasında ağırlıklı olarak bir kalite veya proje yönetimi aracı olarak kullanılsa da, risk yönetimine de özellikle uygundur. Aslında, diyagram yalnızca sorunların çözülmesine değil, aynı zamanda öngörülmesine de olanak tanır. Örneğin, bir işletme bir projeyi uygulamaya koymak istediğinde, projenin başarısız olması durumunda gündeme gelebilecek hususları inceler. Projenin başarısız olmasına neden olabilecek çeşitli unsurları değerlendirerek, şirket sorunun gerçekten gerçekleşmesini önlemek için dikkatini tam olarak nereye odaklaması gerektiğini bilir.

ISHİKAWA DİYAGRAMININ AMACI

Ishikawa yöntemi, belirli bir sorunun neden ve sonuçlarının görsel ve yapılandırılmış bir analizini sağlamayı amaçlayan bir iş planlama aracıdır.

VARSAYIMLAR

Ishikawa modeli iki varsayıma dayanmaktadır:

* Her sorun için sınırlı sayıda birincil ve ikincil neden vardır;

* Bu iki tür neden arasında ayrım yapmak, sorunu çözmeye yönelik ilk adımdır.

MODELİN BİLEŞENLERİ

Profesör Ishikawa, bir sorunun farklı nedenlerini 5 Ms olarak adlandırılan beş gruba ayırmaktadır.

- **Malzeme:** Bu, hammadde, kağıt, su, elektrik vb. gibi proje tarafından tüketilebilecek veya kullanılabilecek her şeyi ifade eder.

- **Yöntem:** mevcut prosedürleri, bilgi akışını, araştırma ve geliştirmeyi, çalışma şekillerini vb. içerir.

- **Doğa Ana:** Bu, proje üzerinde etkisi olabilecek çevre ve bağlama karşılık gelir (işyeri, yeşil alanlar, vb.).

- **Makine:** Bu, proje için gerekli ekipmanla ilgilidir. Örneğin tesisler, yedek parçalar, ekipman, donanım, yazılım, teknoloji, makine veya tesis ekipmanı buna dahildir. Bu kategori genellikle yatırım gerektirir.

- **İnsan gücü:** Bu, projede yer alan insan kaynaklarını ve personel niteliklerini ifade eder.

Her kategori, istenen ayrıntı düzeyine bağlı olarak diğer nedenleri veya neden kategorilerini içerebilir.

5 MS'DEN 7 VEYA 8 MS'YE

Başlangıçta 5 Ms ile sınırlı olmasına rağmen, diyagram şimdi bazıları tarafından duruma bağlı olarak 7 veya 8 Ms'ye genişletilmiştir. Hedefin kendisi değişmeden kalmaktadır (başka bir deyişle, öncelikli olarak ele alınması gereken bir sorunun nedenlerinin somut, kapsayıcı ve kapsamlı bir şekilde görselleştirilmesine hala izin vermektedir) ve en önemlisi, en etkili çözümün belirlenmesine izin vermektedir.

Başlangıçtaki 5 Ms'ye aşağıdaki faktörler eklenebilir:

- **Ölçüm:** Bu, bir sonuca ulaşmak için ölçülebilen her şeye karşılık gelir;

- **Yönetim:** Bu bir denetim yöntemi, liderlik tarzı vb;

- **Bakım:** kaçınılmaz olarak diğer tüm Bayanlar üzerinde etkisi olacak bütçeler, maliyetler, gelir vb.

AVANTAJLAR

Ishikawa diyagramı, kullanıcılara birçok avantaj sunar:

- Bir sorunun tüm nedenlerini sınıflandırır;

- nispeten büyük bir sorunu parçalara ayırmak;

- Tüm ekip üyelerini analize katılmaya teşvik edin ve bu şekilde bir proje yönetimi dinamiği oluşturun;

- Grup halinde çalışarak nedenlerin gözden kaçmasını önleyin;

- Bilginin bazen eksik olduğu, daha fazla araştırılması gereken alanları belirlemek;

- Yaşandığı alan veya iş alanı ne olursa olsun bir sorunu analiz edin;

- Soruna uygun bir çözüm geliştirmek için unsurlar sağlar;

- neden-sonuç zincirine genel bir bakış sağlar.

Bu tür bir katılımcı araç, kullanıcıların bir sorun ortaya çıktığında aşırı basit gözlemlerin ötesine geçmelerini sağlayan nispeten geniş bir görüş ve düşünme alanı sunar. (Potansiyel) sorunun olası nedenlerinin kapsamını genişletir ve aynı zamanda belirli bir sorunu önlemek veya çözmek için uygulamaya konulacak çözümleri ve müdahaleleri tanımlar.

SINIRLAMALAR VE GENİŞLETMELER

SINIRLAMALAR VE ELEŞTİRİLER

* Birçok avantajına rağmen Ishikawa diyagramı, nedenlerin çok sayıda olduğu ve sorunların birbiriyle ilişkili olduğu son derece karmaşık problemler için özellikle kullanışlı değildir. Ancak, mevcut veya potansiyel bir sorunun temelinde genellikle bu karşılıklı ilişkiler yatmaktadır.

* Modele yönelik ikinci bir eleştiri de nedenlerin sıralanmasıdır. Bu, daha önce ortaya çıkan sorunun istatistiksel bir analizine dayanmadığı zaman, çalışma grubunun deneyimine göre gerçekleştirilir. Dolayısıyla bu sıralama, öznel bakış açılarına bağlı olarak bir gruptan diğerine değişebilir ve kesin istatistiksel verilerden daha az ilgili ve başarılı olabilir.

Genel olarak, analizin nesnelliğini ve uygunluğunu sağlamak için Ishikawa yönteminin başka bir yöntemle birlikte kullanılması tavsiye edilir.

İLGİLİ MODELLER VE UZANTILAR

Aynı sorun üzerinde düşünmeyi genişletmek için çeşitli araçlar kullanılabilir.

Bu yöntemin başarısı, çalışma grubunun aktif katılımı ve katılımcıların meslek ve becerilerinin çeşitliliği de dahil olmak üzere bir dizi faktöre bağlıdır. Bu aracın uygulanması için izlenecek prosedür, Ishikawa diyagramı ve daha önce özetlenen tamamlayıcı yöntemler için gerekli olanlardan daha karmaşıktır.

Sonuç

Farklı modellerin birbiriyle ilişkili olduğu ve bir sorunun, nedenlerinin ve çözümlerinin analizinin el ele gittiği açıktır. Ishikawa diyagramını izole bir araç olarak görmek kesinlikle zordur, çünkü nedenlerin analizi, sorunun ve çözümlerinin kapsamlı bir analizi olmadan gerçekleşemez. Her durumda, yönetici devam eden bir sürecin parçasıdır ve potansiyel uygulanabilir çözümler bulduğuna ikna olana kadar çalışma grubuyla birlikte belirli bir sorunu çözmek için mümkün olduğunca çok metodolojik araç kullanır.

PRATİK UYGULAMA

TAVSİYELER VE EN İYİ UYGULAMALAR

Diyagramı oluşturmak için adımlar

Ishikawa diyagramı, problem üzerinde düşünmek ve faydalı bir grafiksel temsil oluşturmak için gereken çeşitli çalışma aşamalarının kademeli olarak uygulanması yoluyla aşamalı olarak oluşturulur. Özellikle, kullanıcılar şunları yapmalıdır:

- **Sorunu net bir şekilde tanımlayın** ve bunu yaptıktan sonra **sorunu,** kazayı veya etkiyi gösteren yatay bir ok çizin.

- **Olası nedenlerin bir envanterini çıkarın** (örneğin beyin fırtınası yoluyla) ve sorun alanında yetkin kişiler ve uzmanlarla çalışın.

- **Beyin fırtınası verilerini toplayın.**

- **Fikirleri gruplar halinde sınıflandırın (5-8 Ms),** ancak tüm Ms'lerin her sektör için geçerli olmayabileceğini unutmayın. Ishikawa yönteminin konuya, bağlama ve soruna uyarlanması gerektiğini unutmayın. Bu adım, ana yatay oka eklenmesi gereken ikincil okların çizilmesini sağlar. Bu okların her biri potansiyel neden gruplarından birini temsil etmektedir.

- **Her bir dal için, sorunun** henüz tanımlanmamış olan **temel nedenlerini araştırın.** Bu adımı takiben, farklı grupların nedenlerine karşılık gelen daha küçük oklar çizmek mümkündür.

- **Öncelikli nedenleri değerlendirin ve** en önemli eylem planlarını belirlemek ve sıralamak için her bir nedeni tartın.

- Diyagram tamamlandıktan sonra, kendilerine verilen önceliğe bağlı olarak **harekete geçilecek nedenleri seçin.** Potansiyel nedenler ve ikincil nedenler daha sonra iki gruba ayrılacaktır.

- **Çözümleri ve düzeltici eylemleri uygulamaya koyun.** Bu adım bir test aşamasına veya çözüm uygulama aşamasına karşılık gelebilir.

Böylece tüm unsurlar bir araya getirilerek proje yöneticisinin 'balık kılçıklarını' görselleştirmesi ve test edilecek çözümlere bağlı olarak çalışma gruplarını organize etmesi sağlanır. Her bir M için, aşağıda gösterildiği gibi diyagrama bir 'kılçık' eklenecektir.

Kaçınılması gereken tuzaklar

Ishikawa diyagramının zorluğu, aslında çizimini kolaylaştıran aşamalı metodolojisinden değil, bazı kilit unsurların ihmal edilmesinden kaynaklanmaktadır:

- **Ekip çalışmasının önemi.** Bu, diyagramın oluşturulması sırasında ve sonrasında tüm düşüncelerin temelini oluşturur. Aslında, geniş bir yansıma, farklı becerilere sahip bir ekip, bir grup zihniyeti veya aktif ve dinamik kolektif katılım (çözüm arayışı, öncelikler üzerinde fikir birliği, vb.) olmadan, sorunun nedenleri tam olarak analiz edilmeyecek ve en belirgin çözüm dikkate alınmayabilecektir.

- **Aracın kullanımı.** Ishikawa diyagramı bir kalite yönetim aracı olarak kabul edilse de, sadece bu amaca indirgenmemelidir. Bir proje hazırlanırken, bağlamsal bir analiz ve/veya potansiyel risklerin analizi için kullanılabilir, bu da artık iş dünyasında giderek daha fazla dikkate alınan bir husustur. Ayrıca, başarının nedenlerini analiz etmek için de kullanılabileceğinden, bunu yalnızca bir sorunun nedenlerini bulmak için bir araç olarak düşünmek utanç verici olacaktır.

- **Beyin fırtınasının doğası.** Sorunun tüm yönlerini (nedenlerini ve sonuçlarını) ele almak için ekibin tüm üyeleriyle görüş alışverişinde bulunulması ve her bireyin söz konusu konuyla ilgili kişisel görüşlerini ifade etmekte özgür olması tavsiye edilir.

- **Sürece saygı gösterilmesi.** Nedenleri, konuyla ilgili önemlerine göre aşamalı olarak sıralamak önemlidir. Aslında, Ishikawa diyagramı temel olarak sorgulamaya ve incelenen sorun hakkında birbiriyle ilişkili fikirler üretmeye dayanır.

- **Uygulanabilirliğinin kapsamı.** Ishikawa yöntemi aslen mühendisler için tasarlanmış ve genellikle iş dünyasına yönelik olsa da, hastaneler gibi tüm sektörlere (kamu ve özel) de uygulanabilir olmalıdır. Bu nedenle terminolojisi ve bu araçla incelenen faktörler analizin uygulandığı sektöre uyarlanmalıdır.

Ishikawa diyagramı, bu aracın doğru şekilde uygulanmasına ilişkin çeşitli görüşler sunan birçok referans eserde tartışılmaktadır. Aşağıda literatürden bazı ana tavsiyeler yer almaktadır:

- **Metodik olun.** Ishikawa diyagramı çok ilginç ve etkili bir araç olmasına rağmen, işin kolayına kaçmamak ve çözümlerden önce nedenleri aramak önemlidir.

- **Dikkatli olun.** Tartışma sırasında yeni nedenler tespit edilebilir. Bu beyin fırtınası aşamasında, grubun yaratıcılığını, açıklığını ve önerilerini teşvik etmek için hiçbir şey göz ardı edilmemelidir.

- **Titiz olun.** Eğer nedenler çok fazlaysa ve aşırı karmaşık bir diyagrama yol açıyorsa, diyagramı dal dal oluşturmak daha iyidir.

- **Pragmatik olun.** Bu aracın terminolojisini uygulandığı sektöre uyarlamak çok önemlidir.

- **Kapsamlı olun.** Diyagram sadece olumsuz nedenlerle sınırlı kalmamalı, aynı zamanda olumlu nedenleri de analiz etmelidir.

- **Kesin olun.** Belirlenen nedenlerin uygulamada gözlemlenen etkiye gerçekten yol açıp açmadığını kontrol edin.

ÖRNEK OLAY İNCELEMESİ

Ishikawa diyagramı, bir sorunun neden ve sonuçlarını tanımlayarak kolay, anlaşılır ve yapılandırılmış bir şekilde analiz edilmesini sağlar. Cenevre'de çok düşük bir müşteri memnuniyeti oranıyla karşı karşıya olan bir süpermarket örneğini ele alalım ve şunu varsayalım:

- Süpermarket, Cenevre'deki diğer süpermarketlerle eşit pazar payına sahip olan tanınmış bir mağazadır.

- Şirket, yıllık müşteri memnuniyeti oranını %80 olarak hedeflemektedir.

- Pazarlama departmanı, müşterilere sunulan hizmetlerin algılanışı hakkında bilgi edinmek için bir memnuniyet anketi uygulamaya karar verir.

- Anket nispeten kısa olup, her konu için bir soru, yani 0-5 arası bir memnuniyet ölçeğine göre (0 tamamen memnuniyetsizlik ve 5 tamamen memnuniyet olmak üzere) cevaplanacak "...'dan memnun musunuz?" sorusu bulunmaktadır. Konular arasında personel kalitesi, ürün kalitesi, altyapı, süpermarketin konumu vb. yer almaktadır.

Daha ayrıntılı bir memnuniyet anketinin, ekibin genel memnuniyetsizliğin gerçek nedenlerini daha iyi anlamasına yardımcı olabileceğini unutmayın. Ancak, müşteriler genellikle çok az zaman harcadığından, müfettişler genellikle onlara kısa bir anket sunmayı tercih etmektedir.

Karşılaşılan sorun

On farklı mağazadan yaklaşık 500 müşteriye anket uygulandıktan sonra sonuçlar toplandığında müşteri memnuniyetinin düşük olduğu ortaya çıktı: sadece %20.

Modelin uygulanması

Pazarlama ekibi, somut adımlar atmak amacıyla, herhangi bir çözüm ya da eylem planı geliştirmeden önce sorunun nedenlerini analiz etmeye karar verir.

Pazarlama departmanının yöneticisi, farklı departmanlardan farklı becerilere ve uzun süreli deneyime sahip üyelerden oluşan bir çalışma grubu kurmak istiyor. Bunu yapmak için, beyin fırtınası aşamasında altta yatan nedenlere ilişkin daha geniş bir bakış açısı elde etmek amacıyla her bir departmanla (iletişim, finans, ürün, lojistik, vb.) iletişime geçer. Üyeler seçildikten sonra, onlara bir sonraki çalışma toplantısının konusunun müşteri anketinin endişe verici sonuçlarının altında yatan nedenleri belirlemek olacağını açıklar: başlangıçta belirlenen %80'lik yıllık hedeften uzak olan %20'lik bir memnuniyet oranı. Bu şekilde, yönetici katılımcılardan bu sorunun nedenleri (birincil ve ikincil) olduğuna inandıkları şeyleri önceden yazmalarını isteyebilir.

- **İlk toplantı.** İlk beyin fırtınası oturumunda tartışma canlandırılır ve fikirler paylaşılır. Çalışma oturumunun grup lideri, Ishikawa tarafından önerilen beş ana neden kategorisine göre belirlenen tüm nedenlerin bir listesini sunar: malzeme, yöntem, Doğa Ana, makine ve insan gücü. İş ortamı göz önüne alındığında, bu durumda bütçe yönüyle, yani finansal kaynaklarla bağlantılı nedenler dikkate değerdir. Örneğin, bir ekonomik kriz durumunda, personel seviyeleri düşürülürse, hizmet kalitesi daha düşük olabilir ve dolayısıyla müşteri memnuniyetinde bir azalmaya neden olabilir. Grup liderinin katkısı elbette grup dinamiklerine bağlıdır ve duruma göre az ya da çok katılım gösterecektir. Her durumda, katılımcılardan, yöneticinin duyması zor olsa bile, sorunun kaynağına ilişkin herhangi bir fikri atlamadan, belirlenen nedenleri öncelik sırasına göre sıralamalarını isteyeceklerdir.

- **Geri adım atın.** İlk adımdan sonra, katılımcılara geri adım atmaları için bir süre vermek her zaman iyi bir fikirdir, böylece ilk beyin fırtınası oturumu sırasında daha önce atlanmış olan unsurları tekrar gözden geçirebilirler. Bu arada, yöneticiye grup tarafından ortaya atılan çeşitli fikirleri yeniden düzenlemesi, yeni sorular sorması, tartışılan nedenleri tabloya yerleştirmesi ve ele alınmayan neden kategorilerini gözlemlemesi için zaman tanınır. O andan itibaren, derinlemesine analiz edilmesi gereken öncelikli nedenleri net bir şekilde tahmin etmelerini sağlayacak genel bir görüş ve daha net bir vizyondan faydalanacaklardır.

- **İkinci toplantı.** Bu ikinci çalışma oturumunda, birincil neden(ler)i belirlemek için sorun ve nedenleri özetlenmelidir. Çalışma grubu daha sonra memnuniyetsizlik sorununun temel neden(ler)ini gidermek için kendi birimlerinde uygulanacak eylemler üzerinde düşünecektir.

Şimdi soruna ve grup tarafından tartışılan olası nedenlere bir kez daha göz atabiliriz:

- Doğa Ana: Mağaza merkezden uzakta yer almaktadır.

- Malzeme: Mağazada organik ürünlere ayrılmış bir bölüm bulunmamaktadır.

- Yöntem: Yeterli sayıda personel bulunmadığından kasada kuyruklar oluşuyor, mağaza açılış saatleri esnek değil ve telefonla müşteri hizmetleri verimsiz.

- Makine: Self-checkout'ları kullanırken sık sık sorunlar yaşanıyor, elektronik checkout'larla ilgili sorunlar vb.

- İnsan gücü: Personel kaba ve/veya beceriksiz, müşteri hizmetleri verimsiz ve/veya yok.

Müşteri memnuniyetsizliğine neden olan faktörler o kadar çoktur ki, memnuniyetsiz müşterilerin özgürce konuşabilmelerini sağlamak için memnuniyet anketinin sonuna bir öneri kutusu eklemek faydalı olabilirdi.

Son olarak, öncelikli olarak tanımlanan neden yetersiz personele (süpermarket tarafından sunulan ürünler hakkında bilgi eksikliği) odaklanıyorsa ve hızlı ve etkili bir şekilde giderilmesi gerekiyorsa, etkili çözümler düşünülmelidir. Bunlar arasında markanın sunduğu ürün yelpazesindeki farklı ürünleri veya çalışan-müşteri ilişkilerinin temellerini net bir şekilde açıklayan eğitim oturumları yer alabilir.

Yönetim, gerekli ayarlamaları yaptıktan sonra altı ay ile bir yıl arasında, uygulanan eylem planının gerçekten bir etkisi olduğunu teyit etmek için sonuçları kontrol etmeyi unutmamalıdır. Bunu yapmak için pazarlama ekibi, diğer şeylerin yanı sıra yeni bir memnuniyet anketi gerçekleştirebilir.

Sonuç

Yaklaşımın yapılandırılmış ve iyi düşünülmüş olması koşuluyla, bir sorunun kalite yönetimi basitçe yapılabilir. Bu örnekte, grafiğin kullanılmasının sonucunun otomatik olarak olumlu olup olmayacağını ve bir yıl sonra müşterilerin daha fazla mı yoksa daha az mı memnun olacağını söylemek mümkün değildir. Aslında, finans departmanından gelen rakamlar (memnuniyet oranı, satış rakamları, vb.) nedeni daha kesin bir şekilde tanımlamaya yardımcı olacaktır. Satışlar ve müşteri memnuniyeti daha düşükse, ürün kalitesinin düştüğü ve bu nedenle malzemelere dikkat edilmesi gerektiği sonucuna varmak kolaydır.

Daha önce özetlenen diğer ilgili modeller de Ishikawa yaklaşımını tamamlayabilir.

ÖZET

- Ishikawa diyagramı, 1940'larda Japon mühendis Kaoru Ishikawa tarafından geliştirilen bir kalite yönetim aracıdır.

- Bu yöntem, bir sorunun nedenlerini ve etkilerini belirleyerek yapılandırılmış analizini teşvik eder.

- Bir sorunun çözümüne giden adımlar şunlardır:

  - nedenlerin tek bir etkiyle ilişkilendirilmesi;

  - nedenleri kategorilere ayırma (5 veya 8 Ms);

  - nedenleri önem sırasına göre sıralamak;

  - önceliklerin belirlenmesi;

  - en uygun çözümün uygulanması.

- Bu, temel unsurların ekip çalışması, beyin fırtınası ve diyagramın oluşturulması olduğu bireysel ve kolektif bir yaklaşımdır (fikirlerin bir araya getirilmesi).

- Diyagramdan elde edilen sonucun kalitesinin esas olarak çalışma grubuna bağlı olduğu varsayılmaktadır (grup üyeleri beceri, bilgi ve deneyim açısından birbirlerini tamamlamalıdır).

- Ishikawa diyagramına benzer başka araçlar da vardır:

  - 5 Neden;

  - Pareto grafiği;

  - verimlilik şebekesi;

  - CARRTDAF yöntemi.

- Sorunun nedenlerinin kapsamlı ve net bir şekilde haritalandırılması, aracın etkinliğine katkıda bulunur.

- Tavsiyeler:

    - gerçekleri listeleyerek metodik bir şekilde çalışın;

    - Çalışmalarınızı doğru ve kanıtlanmış kanıtlara dayandırın;

    - adımları atlamayın ve bunları titizlikle geliştirin;

    - yaklaşımınızın kapsamlı ve yapıcı olmasını sağlamak için ek araçlar kullanın.

DAHA FAZLA OKUMA

KAYNAKÇA

Agence Nationale pour la Promotion de l'Innovation et de la Recherche au Luxembourg (2008) *Diagramme d'Ishikawa = diagramme cause-effet.* [Çevrimiçi]. [Erişim tarihi: 15 Şubat 2017]. Erişim adresi: < http://www.innovation.public.lu/fr/innover/gestion-innovation/resolution-probleme/diagrammeishikawa-fr.pdf>

Avrupa Komisyonu (2014) *L'analyse coût-efficacité.* [Çevrimiçi]. [Erişim tarihi: 22 Aralık 2014]. İnternet Arşivinden erişilebilir: < https://web.archive.org/web/20150421232210/http://ec.europa.eu/europeaid/evaluation/methodology/examples/too_cef_res_fr.pdf>

Gillet-Goinard, F. ve Seno, B. (2012) *Le grand livre du responsable qualité.* Paris: Eyrolles.

Ishikawa, K. (1984) *La gestion de la qualité. Outils et applications pratiques.* Paris: Dunod.

Le Dico du Marketing. *Tanımlama. Diagramme de cause à effet de Kaoru Ishikawa.* [Çevrimiçi]. [Erişim tarihi 12 Aralık 2014]. Erişim adresi: < http://www.ledicodumarketing.fr/definitions/Diagramme-de-cause-a-effet-de-Kaoru-Ishikawa.html>

Lehu, J. -M. (2012) *L'encyclopédie du marketing.* Paris: Eyrolles.

Yönetici GO! (2013) *Comment utiliser le diagramme d'Ishikawa.* [Çevrimiçi]. [Erişim tarihi 12 Aralık 2014]. Erişim adresi: < http://www.manager-go.com/gestion-de-projet/dossiers-methodes/ishikawa-5m>

Nachal, L. (2011) La construction d'un diagramme cau-
ses-effets. *InfoQualité*. [Çevrimiçi]. [Erişim tarihi 12 Aralık
2014]. Erişim adresi: < http://www.infoqualite.fr/la-cons-
truction-dun-diagramme-causes-effets/>

Pommeret, B. (2013) *La boîte à outil de l'organisation*. Paris:
Dunod.

EK KAYNAKLAR

Ishikawa, K. (1985) *Toplam Kalite Kontrol Nedir? Japon Yöntemi*.
Çev. Lu, D. J. New Jersey: Prentice Hall.

Sizden haber almak istiyoruz!
Çevrimiçi kütüphaneniz hakkında yorum bırakın
ve favori kitaplarınızı sosyal medyada paylaşın!

50MINUTES.com
MASLOW'S HIERARCHY OF NEEDS
Gain vital insights into how to motivate people
Personal accomplishment
Esteem
Belonging
Security
Physiologic
THE SWOT ANALYSIS
Internal factors
Strengths
Weaknesses
SWOT
Opportunities
Threats
External factors
50MINUTES.com
IMPROVE YOUR GENERAL KNOWLEDGE
IN THE BLINK OF AN EYE!
www.50minutes.com

Ana ISBN: 9782808600620
Kağıt ISBN: 9782808602075
Yasal depozito: D/2022/12603/208

Dijital tasarım: Primento,
yayıncıların dijital ortağı.